VOORWOORD

Bij het leren lezen is aantrekkelijk leesmateriaal erg belangrijk. De boeken uit de serie 'Lezen is leuk' zijn daar een goed voorbeeld van. Daarom zullen de kinderen deze boeken zowel thuis als op school keer op keer met veel plezier lezen.
In de opeenvolgende acht delen van deze serie kunnen de kinderen stap voor stap een hoger leesnivo bereiken.

Henk Smits
directeur Montessorischool Maarssen

Met dank aan:
Montessorischool, Maarssen
De Pinksterbloem, Amsterdam
De Blinker, Bolsward
Gysbert Japiksschool, Sneek

Boeken met dit vignet zijn op niveaubepaling geregistreerd en gecontroleerd door KPC Groep te 's-Hertogenbosch.

Bezoek onze website voor informatie
over Uitgeverij Kluitman en auteurs:
www.kluitman.nl

Nur 281, 287/L010317
Omslagontwerp: Nils Swart Design/Design Team Kluitman.
© Uitgeverij Kluitman Alkmaar B.V.

ik doe net of ik slaap.

mama komt eraan.

slaap jij al, ton?

maar ik doe net of ik slaap.

mama gaat weer weg.

ik kijk omhoog.

daar is mijn zus.

mijn zus heet kim.

slaap jij al, kim?

kwak! kwak! kwak!

ik ben puk.

ik zit in het riet.

zie je mij niet?

kwak! kwak! kwak!

ik woon in de sloot

en ik eet kroos.

ik duik in de sloot.

6

de school gaat uit.

daar is kim.

kim gaat naar huis.

papa is in de tuin.

dag, kim!

hoe was het op school?

kim en papa gaan in huis.

kim zet haar tas weg.

papa giet sap uit een pak.

sap in een glas.

rik gaat naar oom.

oom zit in zijn boot.

kom, rik!

kom maar in de boot.

rik zit naast oom.

de boot vaart weg.

dag, rik!

dag, oom!

oom en rik in de boot.

oom vist met een net.

kijk, daar!

daar is een vis!

oom wil de vis wel.

het net gaat naar de vis.

maar de vis is al weg.

dag, vis!

wij gaan naar huis.

fik zit in de tuin.

er is een gat bij de muur.

het gat is een hol.

een hol van een muis.

fik ziet de muis niet.

de muis zit diep in het hol.

waf! waf! waf!

fik kan niet bij de muis.

mijn pop zit in de klas.

ik ben de juf.

let op, pop!

kijk naar mij.

ik maak een som.

een som voor jou!

$1 + 1 = .$

zeg jij het maar!

ik loop op de weg.

au!

wat is dat?

ik voel een steen.

een steen in mijn schoen.

ik doe mijn schoen uit.

daar is de steen al.

ik doe mijn schoen weer aan.

en ik loop naar huis.

12

dit is loes.

loes zit bij het raam.

en dit is de vis van loes.

de vis zit in een kom.

loes pakt de kom.

de vis mag niet voor het raam.

de zon is fel

en de vis mag niet in de zon.

loes zet de kom weg.

de mus zit op de tak.

daar is pim.

pim ziet de mus.

dag, mus!

kom maar hier!

hier is koek.

maar de mus gaat weg.

pim eet de koek op.

mmm!

14

daar is kees.

kees zit op een paal.

kom eraf, kees!

de zee komt eraan.

maar kees wil niet

van de paal.

daar is de zee al.

spat! spat! spat!

wat is dat?

kees is nat.

kees gaat van de paal.

het boek van kim is weg.

kim ziet haar boek niet.

daar is ton.

waar is mijn boek?

ton weet het ook niet.

zoek het boek maar!

kim gaat naar papa.

maar wat is dat?

het boek is bij papa.

papa leest het boek van kim.

ik zit bij het raam.

ik kijk in de tuin.

het is nat in de tuin.

er is een plas.

ik zie een mus.

de mus zit bij de plas.

de mus gaat in de plas.

wat doet de mus?

lor is in zijn kooi.

wat is er met lor?

paul ziet het wel.

lor wil uit zijn kooi.

kom er maar uit!

lor mag bij paul.

speel maar, lor.

speel maar met paul.

18

pien zit op de poef.

au! au! au!

de buik van pien doet pijn

en de keel van pien doet pijn.

mama komt eraan.

wat is er, pien?

doet je buik pijn?

ik bel wel op.

weet jij dan wie er komt?

dit is mies de poes.

mies is de poes van koos.

mies gaat naar haar kom.

koos doet voer in de kom.

kom maar, mies!

hier is voer.

voer voor jou.

mies ziet het wel.

maar mies eet

het voer niet op.

mies gaat weg.

ik hoor de bel.

wie zal dat zijn?

ik loop naar de deur.

ik kijk door het raam.

het is oom ben.

ik maak de deur los.

dag, oom ben!

hoe gaat het met u?

papa is in de tuin.

kom maar mee!

kim rent naar huis.

kim gaat naar de deur.

er ligt poep voor de deur,

maar kim ziet het niet.

kim zet haar voet in de poep.

bah!

kim ziet de poep.

poep aan haar schoen.

kim gaat naar het gras

en kim maakt

haar schoen schoon.

22

jim en noor zijn in de hut.

de hut is in de boom.

wat is dat?

het dak is lek.

jim gaat op het dak.

er zit een gat in het dak.

noor ziet een lat.

een lat van hout.

jim legt de lat op het gat.

nu is het dak niet meer lek.

23

pam en pom gaan

naar het bos.

ze gaan door het hek.

pam gaat voor de kar.

en pom gaat naast de kar.

pam zet de kar bij de boom.

daar is hout.

hout voor het vuur.

pam en pom doen

het hout op de kar.

24

de bel gaat.

mama is in de tuin.

kijk maar wie er is, ron!

ron doet de deur los.

er is een man.

een man met een pak.

hier is een pak voor mama.

daar is mama al.

in het pak zit een boek.

een boek voor ron.

noor en jim gaan naar de wip.

bij de wip is lars.

lars is boos.

hij viel van de wip.

zijn bil doet pijn.

zijn bril is stuk.

huil maar niet, lars.

pak die bril maar op.

dan gaan wij naar huis.

wat raar! een pop aan een lus.

de pop gaat op en neer.

wie doet dat?

zou ton dat doen?

zit ton in die boom?

maar kim ziet ton niet.

kim pakt het touw.

de pop kan niet weg.

daar is ton!

dat is niet leuk!

ton is boos op kim.

nel zit met mam in de bus.

nel mag een jas.

zij gaan uit de bus.

kijk, mam! ik wil die jas!

mama ziet de jas ook.

die jas is wel duur!

pas hem dan maar, nel.

de jas zit fijn, mam!

jij mag die jas, nel.

de jas gaat in een tas.

en dan gaan nel en mam

weer naar de bus toe.

de duif zit op het plein.

roe-koe! roe-koe! roe-koe!

de duif wil voer.

er is een man.

een man met voer.

voer voor de duif.

ik koop een zak.

een zak met voer.

eet maar, duif!

de kip zit in het hok.

daar is de koe.

dag, kip!

mag ik bij jou in het hok?

nee, koe!

daar pas jij niet in.

dat hok is voor mij.

maar de koe wil toch

in het hok.

pas op, koe!

dat kan toch niet!

30